I.REAL
曾 莞 婷

我 們 後 台 見

Part 1

您好，陌生人__

後台見，
我的人生這齣戲

您好陌生人，我叫做曾莞婷。

您或許有聽過我的名字，或許有看過我的戲，或許曾聽過朋友提起過我演的角色，或許穿過我的品牌服飾，在您心目中，我是個怎麼樣的人呢？是家道中落的千金？是本土劇惡女代表？是台劇女神？還是 I. REAL 的美女 CEO？如果有時間，您可以坐下來聽我說我的故事嗎？曾經我的家庭過得很富裕，也曾經一無所有，但我知道不管是上天給我的，還是未來我自己去走出來的，都是需要靠我自己去打拚，我的人生有點一言難盡，可能有點一口氣說完。

我可以幫您沏一壺香片茶，沾舌時可能有點澀，入喉有點苦，但最後我希望您能嚐出最後那花香襲人的甘美。

I.REAL　曾莞婷＿＿＿＿我們後台見

故事發生在 1981 年，一個男人急急將孕婦從手術室推出來，他們看起來有點狼狽，而那個孕婦肚子裡裝的人就是差點被拿掉的我，這是她隔了九年之後再度懷上的小孩，這個媽媽是個喜歡自由的千金大小姐，在那個時間點，她已經育有一男一女，並把他們都拉拔長大了，所以她跟她的丈夫說她想要屬於自己的時間，不想再重頭養個孩子，於是選擇躺上了手術台，但隨著時間一分一秒的過去，她很快就害怕了，她拉著丈夫的手，著急地說她突然不想拿掉這孩子了，於是他們跑走，心疼妻子的男人問：「那現在呢？」她說那只好留下來了。

「好吧，既然這個孩子都要跟著我們了。」他說。

他們就是我的爸媽，而我就是那個肚子裡的孩子，從小我們家的家境就非常好，爸爸經營全台第一家測量公司，在那個年代這可是獨門生意，爸爸工作認真負責，對待下屬也相當和善，也是我見過最疼老婆的人，不論什麼事情都對她百依百順，什麼要求都會答應，至於我媽媽的娘家家境也相當優渥，外公是

參軍的人，從小她是被外公部屬帶大的。而在那個多數家庭都只能求三餐溫飽就好的年代裡，我們甚至可以出國旅遊，我活在像是童話故事世界裡。

說來也奇怪，小時候許多事情我都記得特別清晰，小時候我住在台中，住家是四層樓的透天厝，每天我自己在家裡的地上爬呀爬的，手貼在冰冰涼涼的大理石地板上，看著什麼東西都很大，我記得家裡有架很古老的縫紉機，那是我外婆留給念服裝設計的姊姊使用的，我有時會用手去按那有點生鏽的腳踏板，聽它喀拉喀拉作響，那是我小時候的記憶。

後來爸爸因為工作，舉家搬遷到台北，但我的生活基本上沒有什麼改變，媽媽是貴婦中的貴婦，每天過得很開心、很幸福，無憂無慮地享受著我爸給予她的一切，她從沒煩惱過生活，沒煩惱過金錢，每天都笑臉迎人。

I.REAL　曾莞婷＿＿＿＿我們後台見

I.REAL 曾莞婷＿＿＿＿我們後台見

每天媽媽會挑時下最流行的衣服為我搭配，喜歡上美容院的她特別喜歡請阿姨幫我燙頭髮，換上最夢幻的洋裝，什麼樣的材質、什麼樣新潮款式的衣服我都穿過，然後再拉著我到處玩，她會帶我去打麻將，那時她有個朋友甚至是童裝連鎖店的負責人，所以我也曾經走過簡單的秀。

從小就愛現的我，在舞台上如魚得水，喜歡唱歌給叔叔阿姨聽，雖然那時候我還不懂〈雙人枕頭〉、〈雪中紅〉那些歌謠唱的是什麼意思？但我感覺自己似乎唱得不錯，表演得也很賣力，所以長輩們總是將我捧在手掌心上疼，更別說我爸爸，我永遠是他心中最棒的小明星。記憶中，他每天都穿得跟《黃金拍檔》的七先生一樣出門上班，而一回家公事包放著，就會過來抱我、親我，寵愛之情溢於言表，雖然長大後我會嫌他煩，甚至把他推開，對他說：「男生跟女生不可以這樣！」但當時全家人的相處和樂融融，過得非常幸福。

I .REAL　曾莞婷_____我們後台見

I .REAL　曾莞婷_____我們後台見

曾經是活在童話故事裡的小公主。

上了小學的我念的也是最好的貴族學校，家裡有保母、傭人，出門有人接送，生活算得上優渥，我身上穿的是 Sisley 的童裝，腳底踏著的也是最當季的鞋款，手上戴著甚至是「天長地久」的手錶，在那個時候我其實沒有什麼名牌的觀念，媽媽幫我準備什麼我就穿什麼，從來不曾吵著要買什麼東西，因為在我開口之前，那些東西都會迸到我面前來。也許是爸媽從來沒有讓我感受到「缺乏」，我的心靈總是感受到完整、滿足，而這也影響了長大後的我，讓我非常懂得要懷抱知足之心。我相信在為人處世的過程中，知足總會讓我們留住一些東西，而貪心卻往往會讓我們失去理智，從而做出錯誤的判斷，最後甚至什麼都不剩。

從我有記憶以來，家就是一個充滿愛的地方，它讓我獲得滿滿的能量。家裡不只有個很有責任感的爸爸、還有個性開朗、溫和的媽媽，而因為我跟哥哥、姊姊年齡差距比較大，在我還在

念小學的時候，哥哥與姊姊都已經長大成人，也出社會工作了，在爸媽的教育之下，他們也都很懂事，知道要疼愛、保護妹妹，所以小時候的我，算是集三千寵愛於一身，看著童話故事書，總是想著：我應該就是那位公主吧？！

如果說功能良好的家庭是培養成熟人格的園地，那麼如今我所擁有的一切良好的特質，都要歸功於爸媽努力營造給我們的那份幸福感。不僅提供我生存所需、也讓我滿足心理需求，且因為擁有這份的愛，讓我在精神及心靈上都能繼續成長。

提到我哥，就不得不介紹一下，他年輕的時候可是一位電影明星。不可思議吧？我並不是我家裡唯一的藝人，也不是第一位

I.REAL　曾莞婷_____我們後台見

走進螢光幕前的人，家裡的第一位明星，其實是我最敬愛的哥哥。從小我就喜歡賴在他身上，因為哥哥非常疼我，印象中他總是一路保護著我，是一個帥氣十足又很罩的男人！時常會帶著我到處去認識外面的世界。我還記得他與他當時的女朋友都很寵我，所以哥哥的女朋友常常會讓我做些比較成熟的打扮，帶我一起去 DISCO 繞繞，追逐著屬於自己的叛逆。

由於哥哥在那時候也算小有名氣，甚至演過幾部電影，還有一堆超帥的形象照片，坐在電影院裡，看著大銀幕上的哥哥，我心裡除了非常崇拜他之外，也感到與有榮焉，在我心目中，哥哥就是我的劉德華，沒有人可以比我哥哥還要帥，看著他在電影中的英姿，也讓我興起想要效仿的心，這也深深影響了我未來走上演藝這條路。

因為哥哥的關係，高中我選擇念華岡藝校，但在那個時候許多父母都不待見自己小孩去念華岡藝校，都認為那是愛玩的小孩、不愛念書的小孩、想追求不切實際的明星夢的小孩才會去念的

I.REAL　曾莞婷＿＿＿＿我們後台見

學校，但我的父母從那個時候就很開明，他們認為小孩想做什麼就該讓他們去做，未來是掌握在自己手上的，而且家裡也不需要我賺錢，所以在完全沒有家庭革命、家長甚至鼓勵的狀況下，我去報考了華岡藝校。時至今日，我依然非常感謝父母對我的人生完全沒有設下框架，懂得適時將主導權交給我自己，也因為在他們的眼中孩子沒有所謂的「應該」要怎麼樣？才能讓我養成獨立自主個性、具備追求夢想的勇氣，也懂得為自己的決定負責。

我們常常會碰到別人強加給我們的「應該」，但自己的人生當然要自己去經歷體會，當你懂得做出取捨，懂得主動選擇，才能活出最想要的人生。

「考上了就給你獎金！」我爸爸笑著這麼說。

在我報考華岡藝校的時候，我們家的生活就已經有了一些摔落的端倪，哥哥和姊姊都放棄了原本的工作回到家裡幫忙，從那時候開始哥哥也不再帶我出去玩，媽媽甚至會鬧失蹤，我們也開始頻繁的搬家……當下我能清楚感受到家裡的經濟狀況出了很大的問題，但家人從來都不會在我面前抱怨，或製造緊張、不安的氣氛。

我並不喜歡去記憶那些不好的事情，只依稀記得家裡常常被貼封條、被潑漆、有長得一副兇神惡煞模樣的人站哨，但是爸爸從來沒跟我提起到底發生什麼事情，生活開始拮据的那一陣子我因為沒搞清楚狀況，還曾因為爸爸晚幾天給我零用錢而發脾氣。直到後來才知道那個時候家庭的狀況已經很嚴峻了，不過我爸媽在這麼艱困的處境下，依然選擇了讓我放手去追夢，我的兄姊也為了我而去承擔家業，犧牲了他們原本的夢想。因為了解他們都在共同守護這個家、守護年紀最小的我，所以，我自然不能辜負他們的期待。

能留在舞台上的我，是何其幸運。

進華岡藝校前，除了要考學科筆試之外還需要進行術科面試。
一進術科面試的教室會看到很多厲害的評審老師坐在你面前，
讓考生不緊張都難，當時我準備了張惠妹的歌曲表演應考，竟
然一次就讓我考上了！

「我要去當明星了！」這個念頭讓我開心得像是要飛起來似的。
我知道自己能實現夢想，有很大一部分是因為家人的支持，所
以在華岡藝校的那段時間，每次表演我都全力以赴，不敢有半
點懈怠或懶散，加上華岡藝校的培養非常全面，從舞台搭設到
燈光音效都得上手，而我不論唱歌、跳舞、演戲全部都有涉獵，
有一年聖誕節公演的時候我更是表演的主軸，那時候我的偶像
是 CoCo 李玟，所以我選擇表演她的舞曲，在多才多藝的同學之
中要脫穎而出是困難的，所以我不斷的排練，因為持續的努力，
我終於被大家看見，在當年也算是成為了校園的風雲人物之一，
成績也突飛猛進、常常上台領獎。

I.REAL 曾莞婷＿＿＿＿我們後台見

追逐明星夢的同時，家中經濟雪上加霜。

但在這段期間，家裡的狀況可以說是越來越不穩定，經營測量公司的爸爸每天要身體力行去進行測量工作，到荒地到鐵路，到各種險峻的地方進行測量，每次爸爸一進家門，我看著他手上腳上都是被芒草刮傷的痕跡，皮膚曬得極黑，汗臭味更是他的標準配備，那個畫面到現在我都還深刻記得。

很多人好奇為什麼我對工作的態度總是這麼謹慎認真？為什麼那麼用力的想保護、珍惜我所得來的一切？我想，那絕對是受到爸爸身教的影響，因為爸爸的關係，我知道賺錢從來不是容易的事情，而在那段時間，雖然我也不過是十幾歲的小女孩，但因為感受到爸爸的辛勞、以及家裡的經濟狀況每下愈況，我明白自己再也不能繼續安逸下去了，所以大約從高二開始，我也開始陸續接演一些零星的電視劇，幫家裡減輕一點經濟負擔。

因為學生的身分，一剛開始我演的都是些跑龍套的角色，薪水

也不高，記得第一次演戲是演古裝劇《土地公傳奇：將軍之愛》裡面的一個丫鬟小翠，第一次領到薪水我好開心，從華視電視台走出來已經很晚了，我記得當時走在秀傳醫院附近的巷子，領到薪水的我打手機跟姊姊分享這個好消息，這時有人從後面拍拍我的肩膀，我以為是搭訕所以不以為意，沒想到他一抓就把我的包包搶走。

說實在的，我也不知道自己當時是哪來的勇氣居然敢跟對方拚博？要是對方有刀或凶器該怎麼辦？但當時的我，真的沒想這麼多，而且我甚至沒把電話掛斷，就這樣一路邊跑邊對著話筒裡的姊姊喊著：「我被搶了！裡面有我今天的薪水欸！」最後包包還是被搶走了，伴隨著我人生第一份薪水，然後我就心痛得想著，自己為什麼這麼倒楣？好不容易工作賺來的錢居然能被搶？我好像是個不夠幸運的人？

I .REAL　曾莞婷_____我們後台見

我的人生沒有特別幸運，所以更珍惜幸運來敲門的時刻。

「越努力越幸運」是我一直深信的一句話，我相信只要我夠努力，幸運總有一天就會慢慢回到我的身邊。不過從小經歷過富裕生活，也走過到處躲債的日子，我知道幸運不可能一直存在，所以當看到了幸運，就更應該好好抓住幸運的機會，更努力創造自己的人生才應該。

一路走來，常常聽很多人跟我說：幸運都不願意敲他們的門。每次聽到類似的話，我都會回答：「因為你沒有門牌啊！如果連你自己都不知道方向，怎麼能期望幸運到來呢？也許有一天它會來的，請你一定要好好的抓住它，別等到它溜走了還不自知。」

在學生時代，我就非常努力把握每個演戲的機會，不論多小的角色我都願意出演，明明一剛開始報考華岡藝校的我，是多麼

希望能夠站在舞台上唱歌跳舞，幻想著能像偶像 CoCo 那樣，在台上載歌載舞，當時的我總覺得那才像是所謂的「大明星」。但演著、演著我漸漸感受到演戲的趣味，透過戲劇，我可以去過與我完全不同的人生，我可以盡情地去體會其他人的生活，去完成在現實生活中，自己沒辦法完成的事情，這對我來說是很過癮的事，也是很多人想體會都沒辦法體會的，如今我卻能一邊賺錢，一邊享受這份幸運，叫人怎麼能不熱愛這份工作呢？

但即便我從高二就開始接演戲劇，演了許多年，我永遠是觀眾眼中那個「最熟悉的陌生人」。也許是因為外貌的關係，我所拿到的角色都是千金大小姐或者是不諳世事的嬌嬌女，這樣的角色多半都沒有什麼讓人印象深刻之處，走在路上，每個人看到我都會說：「欸！妳是那個──」那個誰他們也說不上來，而我就這麼一直演些小配角，然後賺著微薄的薪水。

「她又沒妳漂亮，為什麼我女兒不是女主角？」我爸爸曾看著螢光幕這麼抱怨著，因此我下定決心，我一定要表演得更好，

拿到更棒的角色，讓爸爸看一看我的能耐。但造化弄人，在我二十三歲那年，爸爸在進行測量工作的時候，因意外而身亡⋯⋯成了我這輩子最大的遺憾。

I.REAL 曾莞婷＿＿＿＿我們後台見

我的父母代表了兩種截然不同的人生觀。

從我有記憶以來，媽媽每天都活在幸福快樂的泡泡裡，享受著
她的快意人生，而爸爸辛苦了大半輩子，最終還是死於工作，
兩個截然不同的人生觀帶給了我很大的衝擊：我不想要一輩子
都這麼辛苦，而忘了去享受人生。

一直到爸爸走了之後，媽媽才跟我提起當年的事情，因為一屋
二賣問題所以造成資金周轉不靈，家裡到處借錢還欠下高利貸，
哥哥和姊姊也去當人頭借貸，最後搞到信用破產，除此之外，
爸爸平時也借了員工許多錢，幫忙背書等等，加上那時他希望
可以蓋一座養老機構回饋社會，所有資金全都卡在一起，才會
造成我們家在短短幾年間家道中落。很多年後爸爸公司的會計
叔叔也曾來我的新家作客，他看著我說：「以前妳爸爸真的很
辛苦」，然後又說起他是個多麼好的人，每次提起這段往事我
都很難過，而且每次到了一家團圓的日子，我的心底難免都會
有缺憾。

如果有時光機的話，我想回去爸爸過世的前一晚。

我仍然記得爸爸過世的前一天，他突然在傍晚時跑來租屋處找我聊天說話，對話也沒有什麼特別的內容，就只是很普通地對我噓寒問暖，但那時候的我覺得有點煩，所以對他說著：「好啦，你趕快回去啦，回去睡覺啦！」早早就把他送走，後來就沒有後來了，每次想到那一晚，就會覺得是我親手把爸爸推走的，為什麼當初的自己這麼不懂珍惜爸爸對我的關心。

如果有時光機，有些人可能會因為金錢或工作的決定而回溯，但對我來說，我是為了與失去的家人再見一面，就算沒辦法改變未來，我還是想跟他再說上一句話，這也是為什麼我這麼珍惜家人的原因，社會大眾總說我很孝順，對家人花錢都不手軟，刷爆四張卡也不心疼，但其實在盡孝道的同時，我也是在彌補自己的缺憾，我希望能把想給爸爸的愛彌補在媽媽身上，這或許是基於罪惡感，或許是基於私心，但正因為失去才更明白那樣的痛。

所以現在我對媽媽可以說是百般寵愛，雖然我常常吐槽媽媽是我的任性小公主，但我還是會天天對她說我愛妳，而且到現在我們還是睡在同一張床上，鬧彆扭的時候還會分床睡，我也漸漸懂得適時表達愛意，哥哥和姊姊也都有了自己的家庭，有了伴侶和孩子，對我來說，他們都是我最重要的家人，大家平時的感情非常好，逢年過節一家人都會來我家聚會，每次和他們團聚在一起，我都會覺得格外幸福，平時媽媽也會帶朋友來家裡坐坐，雖然她沒說出口，但我知道她是以我為榮的，這也是我努力賺錢的動力之一。

I.REAL　曾莞婷_____我們後台見

失去使我成長，親情使我茁壯。

我曾經很難過為什麼像爸爸這麼好的一個人，卻無法長命百歲？
他生前不僅對家庭有責任感，也時時在回饋社會、隨時主動關
心需要幫助的人，像這樣的好人為什麼在拚了大半輩子後，就
這樣發生意外走了？直到長大後，我才慢慢領悟他的離開可能
是上天安排他這輩子的責任就到這裡了，接下來輪到我來當守
護者。

現在的我，很相信命運、相信因果這件事情。這輩子做了什麼，
下輩子就要還什麼，這輩子做的好壞作為，下輩子都要承擔，
有時甚至現世報很快就會找上門，所以一定要時時心存感恩和
保持善念。

雖然從小到大，一路走來風風雨雨，但以結果來說，我已經是
個擁有很多幸運的人，我想一定是上輩子做了很多好事，這輩
子才能得到這麼多愛。更難得的是，長大後我在工作領域中的

表現，能被社會大眾所看見，身處在競爭激烈的演藝圈，我深知要脫穎而出有多難，所以現在的狀態，我已經很滿足。

命運就像是手上的掌紋，雖然曲折但都掌握在自己手中，在我身上發生了許多幸運的奇蹟，有人一輩子跟我一樣認真、努力，坐在差不多的位置上，但聚光燈卻遲遲沒打在他身上過，而我卻被觀眾發現了，而且還能被這麼多人所喜愛，這種幸運是多麼可貴？！我常常一覺醒來，看看自己所擁有的一切，都會覺得幸運得不可思議，但這同時也讓我更加警惕自己要珍惜擁有、莫忘初衷，一定要繼續回饋社會、創造善的循環。

I.REAL　曾莞婷＿＿＿＿＿我們後台見

Part 2

惡女的逆襲＿

角色，
帶給我的人生啟發

說到這裡，你應該對我有一定的認識了吧？

不過比起我的人生故事，許多人都是透過戲劇認識的我而相信我。但，從戲劇認識我的人多半都不會有多好的印象。尤其是讓我一炮而紅的《世間情》一劇裡的惡女角色郭佳佳，有次我連續軋戲整個禮拜，拖著疲憊的身軀累得半死坐上計程車時，司機不斷透過後視鏡看我，我知道他認出來了，但我閉眼假寐。

「你是郭佳佳嗎？」他突然出聲。
「是啊。」
「下車。」
「什麼？」
「我不載你，壞女人你下車。」

整個戲劇化過程不輸鄉土劇，我就這樣被丟在一個完全攔不到車的河堤路邊，腳踩著高跟鞋的我沿著柏油路走著，一邊走我的眼淚一邊就掉下來，我自己每天辛苦熬夜拍戲，只是為了賺

錢養家，到底是為什麼要承受這樣的非議？

又一次，我和朋友去 KTV 唱歌結束，開心地準備回家之際，旁邊也有人指指點點，故意用我聽得到的音量說：「就她啊，演那個壞女人郭佳佳，一看就知道，看看她那個賤樣。」甚至汙辱我的家人，這口氣我差點壓不住，朋友趕緊把我送上計程車離開，後來我才知道為了保護我，我的朋友甚至跟對方打起來，還鬧上了警局。

每次遇到這樣的事情我都忍不住想：我為什麼要承受這些負面的抨擊？越想越難過，但隨著科技越來越發達，社群軟體也越來越進步，我扒下我演戲的面具、扔掉惡女的包袱，開始與粉絲親自接觸，每次有人說：「哇，曾莞婷，妳的臉書小編好勤奮喔！」我都能理直氣壯地跟他說：「什麼小編？那是我本人！」因為幾乎每則留言我都會看過，也都是我親自按讚或回覆，我把粉絲當成最親近的朋友聊天，粉絲也才漸漸發現其實我是個很真誠的人，沒有距離也沒有架子，人氣才因此變得越來越高，粉絲也成為我最堅強的後盾。

隨著「郭佳佳」這個角色越演越紅，我也逐漸打開知名度了，

但隨之而來的評論也不少，雖然我多了很多忠實粉絲，但也同時擁有許多非常討厭我的觀眾，每次看到討厭我的人給我的負面評論時，一開始當然會非常在意，但時間久了就明白我無法改變所有人的想法，只能盡量選擇無視那些太過激進的負面評論，漸漸走出低潮，畢竟有這麼多愛我的人，那幾個不喜歡我的幹嘛管呢？而且能演出這樣讓人氣得牙癢癢、這麼成功的「惡女」，我一直覺得很暢快啊。

郭佳佳雖然不是女主角，但戲在誰身上誰就是女主角！

向來不在乎別人給我的稱號，女神什麼的也都是粉絲封的，因為我知道做好自己的本份就可以成為最佳女主角。

我的演藝工作並不是一路順遂，曾有過十幾年闖不出名堂的階段，在接演郭佳佳這個角色之前，我並沒演過鄉土劇，甚至連一句台語都不會講。出道十幾年演出過各種叫不出名字的角色，雖然內心一直沒放棄過演戲這條路，但總是會納悶自己到底少做了哪些努力？為什麼一直處於迷茫和困境之中？為什麼付出那麼多努力，卻得不到對等的回報？直到後來我才真正能體會，人生沒有白走的路，每一步都算數，每段路都是一次的領悟，所有發生的一切，都有它存在的意義 只要你努力的去做，一點一滴去做得精緻，一步一步去走得踏實。你會發現，成功只是水到渠成。

父親過世的時候，我們家瞬間沒了經濟支柱，甚至連住都成了問題。為了讓家人安心，我決定一肩扛起所有的壓力，哥哥姊姊從小也吃了許多苦，這時候也該是輪到我回報他們的時候了。我先是賣掉自己原本擁有的小套房，再買了一間自己根本負擔不了的房子，當時光是房貸每個月就要繳七萬元，而我已經超過 30 歲，因為工作並不是那麼穩定，所以這筆錢對我來說自然是非常龐大的壓力，我甚至還為此辦了所謂的「信用貸款」，我姊也覺得我瘋了，怎麼會搞這齣把戲，她到處找人幫忙，最後才找到願意為我做擔保的人，但每個月七萬塊，我要去哪裡生這個錢？走到這步，我是真正的騎虎難下。但我真的好想要盡我一切努力，讓媽媽住在舒服的房子裡、讓家人隨時有一個可以團聚在一起的場所，所以即便辛苦但一點也不後悔做了這個決定。

I.REAL 曾莞婷_____我們後台見

沒有退路的時候，你就只能向前進。

我印象非常深刻，繳完房子的頭期款和相關的費用後，當時我戶頭只剩下兩萬塊，皮包裡面只有兩百塊，而這兩百塊我必須撐過一個禮拜，還要養媽媽，所以一天大概就只能吃一餐。我常常必須用意志力告訴自己我根本不餓，然後一天只吃一個茶葉蛋或一碗泡麵度日。

如果你也曾有過揹負龐大房貸壓力的經驗，一定能懂那段經歷絕對不是做戲劇效果的說法，而是在我生命中上演蠻長一段時間的真實故事。而，除了節流，當下最要緊的還是必須努力「開源」，每每想到七萬元的房貸壓力，我就不得不積極地告訴經紀人：「什麼通告我都願意接，綜藝節目扮醜沒問題，絲襪套頭當然 OK。」甚至我曾被主持人用雞蛋砸臉，我都不覺得有什麼關係？！因為我就是要賺錢！必須努力存到錢還房貸，所以不管什麼機會上門，我都願意接受或嘗試。

現在回想起來，我真的必須感謝自己曾有過那麼一段被環境逼得不得不堅強的人生，那段日子，我花了比過去十年更加倍的努力及專注力投入在我的工作上，因為我很清楚知道自己的人生已經沒有退路了，除了更努力更拚命找賺錢的方法，我別無選擇。當時因為我不斷拜託經紀人安排通告跟戲劇給我，直到最後經紀人終於看不下去。

「要不要接台語戲？」經紀人問。

在那個時候，偶像劇盛況已不再，台語八點檔漸漸興起，這個風潮我是知道的，但是我一句台語都不會，在還沒有扛那麼大筆房貸壓力之前，我並沒特別思考過自己究竟可不可以講講看？只知道那好像是賺錢最快的方式，如今我非常需要有收入，加上機會已上門，當然沒有躑躅不前的理由，只能牙一咬就上了。

當年台語劇的人才沒有現在多，很多時候其實可以靠配音解決這一切，但我並不想仰賴這樣的捷徑，也不希望透過這樣的「外

掛」來輔助自己，因為那樣的演戲並不真實，也無法反映我的情緒，加上我不服輸的性格，所以我硬著頭皮去試。

拿到劇本的時候，光是要把裡面的國字轉換成台語，對一個從小到大都講國語的我來説，就是一場硬仗，必須先請身邊懂台語的朋友，一字一句把劇本裡的台詞講給我聽，一邊也把它錄下來，回家之後我就像九官鳥學人講話那樣，反覆唸著自己的台詞；擔心自己拍攝的時候會臨時忘詞，所以必須再標註羅馬拼音在劇本上，以免正式上場時出錯。所以當時的劇本裡，滿是密密麻麻只有我自己看得懂的注音跟英文。

台詞死記、死背雖然能夠背得出來，但是演戲並不是把稿子念完就好，還必須注入情感才行，所以背完自己的台詞，我得再花功夫理解每個字的涵義，把當中應有的情緒梳理流暢，正式演出時才能真情流露。另外也得背對方台詞最後一個句子、最後一個字是講什麼？輪到我時才能繼續接著演。

但畢竟不是熟悉的語言，剛開始演的時候抓不準台語獨特的口氣，記得當時身邊的演員曾形容我講台語就像在唱歌仔戲，每個音都在飄，沒一個字在調上，而對方必須抓著我這飄飄的語尾接話，現在想想，當年跟我對戲的人真的好可憐啊。

I.REAL　曾莞婷＿＿＿＿我們後台見

因為我無處可逃，所以變得更加堅強。

迫於現實的壓力，我只能繼續努力學習台語，那段趕鴨子上架的日子，常常要捧著劇本麻煩身邊的演員、工作人員教我這句話怎麼念？或者這整段話該怎麼表達才正確？剛開始大家都會細心教，不過，每天一上工，大家都有自己的任務要完成，所以隨著時間一長，難免會讓人感到不耐煩，因此被白眼這種事，我也是遇過的，當下也只能笑著跟對方說：「你也希望快點收工對吧？我真的很快就會記起來的。」現在回想起來，當時的我，只想著要盡快進步，也無暇兼顧對方的心情，無暇顧及對方如何看待我，因為我已無處可逃。

有次拍攝一齣叫《海誓山盟》的戲，我飾演一位刑警，要在一場飯局中揭發犯人，那場戲有一大堆台詞要念，但不諳台語的我怎麼都念不好，在那個大圓桌上，坐的全部都是大前輩，因為劇情需要，他們要吃桌上的菜餚，我一念錯台詞，所有的場務都得重新添湯加菜，為演員補妝，演到最後，導演生氣到直

接停棚關燈，罵道：「叫她練好再來！」

棚燈暗下來的那一刻，我是羞愧的，而且受到了很大的衝擊，因為那個時候的我，已經演了好幾年的戲，並不是個新人了，怎麼可以這麼不專業？而且我不僅僅是耽誤了自己的工作，更耽誤了其他演員的時間，我仔細思考是不是自己用功的程度還不夠？在那刻我覺得自己沒有資格站在鏡頭前演戲，所以我跟製作人表示讓我辭演吧，後來我這個角色很快就領便當了，在那個時候與其難過丟了一份飯碗，更難過的是對不起自己的工作。而這次的挫敗，讓我更清楚知道沒有做到 200% 的努力是不夠的，今後不能再受到語言限制，才能讓自己有足夠能力撐起每個角色。

做為一個演員，並不如外界想像那般光鮮亮麗，在鏡頭背後我們時常要因應劇情反反覆覆到外頭吹風日曬、上山下海，觀眾看到的幾秒鐘鏡頭，可能是我們辛苦爆肝熬夜好幾天拍攝的心血結晶。除了拍戲過程本身就很辛苦之外，人際關係的維持也

不容易，尤其幾個人一起對戲的時候，大家都想早點收工，若碰到有人準備得不夠充分或狀況不佳，導致拍攝進度延遲，就很容易惹到對方不開心；小演員在菜鳥時期，因為不夠專業或輩分等因素，被前輩欺負也是蠻容易發生的事，我自己曾碰過對戲的人疑似刻意把土塵扔到我臉上，甚至在我拍哭戲的時候刻意 NG，讓我不斷重來，在當時因為我還是小咖，所以也只能眼淚往肚裡吞，因為迫於現實壓力，我得不斷進步，學習並且成長茁壯，不能因為這樣的條件就放棄一切，想要實現夢想，就不能輕易被打倒，只要持續精進，總有一天你也會站在屬於你的舞台上發光發熱。

I.REAL　曾莞婷_____我們後台見

我可能會失敗，但不會一直失敗！

為了讓自己能夠獨當一面，我厚著臉皮，抱著現場所有人都是我老師的心態，我不斷地練習，繼承我父親工作狂的基因，我成為攝影棚第一個上班的人，也是最後一個下班的人，劇組的人員也不斷看著我成長，記得在演出《神機妙算劉伯溫》的時候，同公司的江俊翰給了我很多幫助，或許是因為同公司會很常見面，他總是不好意思拒絕我的請求，他成為了我的家教，一字一句教我台詞，也會與我對戲，在那段時間，我的台語突飛猛進。

我也非常感謝一路走來我遇到了許多很好的前輩，在演戲的過程中，也曾遇過實力相當堅強的卡司，因為年紀的關係，我也很常演前輩的女兒，澎哥、國賓哥、烈哥都曾經演過我的爸爸，他們也教了我很多東西，不論是演技上的還是人生經驗上，他們都帶給了我很多啟發，我也非常珍惜和他們演出的機會。

我還記得有一次我演出《阿爸的願望》，那時候飾演我父親的是烈哥，在那幕戲中，他要在我的懷裡走掉，那個時候我抱著他，想起了我早逝的父親，我忍不住一直哭，哭到停不下來，導演喊卡的時候我還沉浸在那個情緒裡面走不出來，那時候的烈哥也不斷地安慰我，而我也才發現透過演戲，我找尋到了父愛，也體會到久違的溫暖，就連到現在如果天氣轉涼或者是氣候不穩定，我們也都還是會互相傳簡訊問候，就像是真正的父女一樣，非常溫馨。

隨著鄉土劇演出經驗的累積，我的即興表演越來越好，但是我的演藝生涯一直都處於相當低潮的階段，因為我一直處於相當不紅的狀態，在那個時候，迫於每個月的房貸壓力，使得我甚至必須出去端盤子或擺地攤賺錢才能貼補每個月的開銷，我會去後車站批發些飾品或春聯，然後在菜市場上叫賣，在那個時候有蠻多路人認得我了，但是我依舊是那個他們喊不出名字的「陌生人」，有些比較厲害的客人能叫出我的角色名，但仍然不知道我是那個「曾莞婷」。

當時的經濟狀況已經把我訓練得清楚知道「能屈能伸才能在社會上打滾」。面對認出我的人，我也絲毫不覺得尷尬，因為不紅就是要認命，能填飽肚子才是真理，我可以自在地向他們推銷自己攤位上的東西，在那個時候我掌握到了基礎行銷的技巧，特別得長輩緣的我，也吸引到了一批死忠的顧客，他們總說著：「其實其他攤也有賣，但是我特別喜歡妳，所以才來妳這邊買！」隨著擺地攤的經驗越多，我也越明白這個市場顧客的喜好，也會特別去找些其他攤沒有的東西來賣，有時也會為了那些小東西而傷透腦筋，但每次聽到他們超喜歡我批來的貨時，在那一刻讓我得到了成就感，我也在那個時候培養了對時尚獨到的眼光。

每一份平凡的工作都蘊含著機遇。我終於勇敢走出了舒適圈，讓我對人生有了更深刻的體悟，我曾經為自己的演藝成績感到迷惘，但開始接觸市場打工賺錢之後，發現勇敢行動是消除焦慮感最好的方式，與其每天抱怨、擔心錢賺得太少、不如就積極行動找出解決的辦法，當跨出去第一步，你的人生才會發生變化。

無論走到人生的哪個階段，我們都應該要珍惜並好好喜歡當下的時光，用積極的行動去完成應盡的職責。不需要太過焦慮未來，也沒必要沉迷於過往，努力走好每一步，都將成就出更好的自己，總有那麼一天，妳將綻放屬於自己的耀眼光芒。

想起來也很奇妙，生命中那些美好的事情，幾乎都發生在我們舒適圈以外的地方，當你越不敢跨出自己的舒適圈，就越無法改變。而就在這樣的低潮之際，我終於拿到了逆轉人生的角色：郭佳佳。

I.REAL　曾莞婷＿＿＿＿我們後台見

來而不可失者時也，蹈而不可失者機也。

等到我拿到《世間情》郭佳佳這個角色時，已經 32 歲了，算起來我也已經出道 15 年了，在那個時候的我一直處於很不紅的狀態，沒有人知道我是誰，就算出演了比較重要的角色也沒辦法給觀眾留下很深刻的印象，我心知肚明如果眼前這個機會再不把握，我可能這輩子就這樣了，一輩子都是觀眾「最熟悉的陌生人」，永遠是戲劇裡面那個千金嬌嬌女，如果我再不努力，我可能永遠不會成為閃耀的明星。

雖然在拿到劇本的當下，經紀人是擔心的，畢竟這是個徹頭徹尾的「反派惡女」，但我是很興奮的，因為出演反派可以完全跳脫自己的生活，我反而不羨慕乖乖牌的女主角，因為對我來說，溫良恭儉讓的女性角色常常就只能當個人形立牌，沒有挑戰性也很難做出讓觀眾印象深刻的表演、發揮空間也很有限，而我也透過這個角色真正得到演技上的開竅，我開始發現，演戲並不是真的在「演」，而是在「享受」那個角色的生活，要

演得很自然很生活，就必須要了解角色的思路和想法，才能真正把她演活。

I.REAL　曾莞婷＿＿＿＿＿我們後台見

觀眾的眼睛是雪亮的，你有沒有用心，一看就知道。

很多人並不會缺少機會，而是缺乏把握機會的能力！走過十幾年工作低潮的我，深黯這個道理，無論失敗與成功，只要經歷就是一種成功，去闖一闖，不行我還可以掉頭；但如果膽怯不敢前進，就等於每天不斷地重複做相同的事，卻期待有一天能出現不同的結果，那是不可能的事！所以拿到劇本之後，我每天都在鑽研郭佳佳的心境，不僅是分析她的台詞，更要考慮她的潛台詞，她為什麼要說這句話？她講這句話的意義是什麼？當時的她在想什麼？

我時時刻刻都在為演戲做準備，走路的時候常常喃喃自語背著她的台詞，獨自搭電梯時也一直揣摩她的心境，社區管理員就被我嚇到好多次，想說我到底是在跟誰講話？搭計程車時，我也劇本不離手，反覆練習著同一句台詞，就是想把情緒抓到最好，語調念到最順，上場演出時才能一次到位！我也不在意其他人的眼光，「人不瘋魔，不成活！」這是我所秉持的理念，

每天我都研究得非常用力，甚至時常在夢裡也都還在排戲。

而在攝影棚開燈前，我就在那個小小的景裡面來回踱步，練習著台詞，也常常嚇到負責開燈的攝影大哥，但對我來說這是必要的儀式，我要在開拍之前完全進入角色，保持她的心境跟個性才能真的演出來那樣的角色，我不斷練習走位，然後盡量練習到十分流暢，因為一旦腦子出現「記動作」的想法，那麼觀眾就會知道你是在「演」，電視劇與舞台劇並不相同，電視劇追求的是細膩自然的演技，所以這些細節都很重要。

在對戲時，我會留意自己台詞的語調，一旦有個尾音跑掉，或者是情緒不對，我就會要求重來，對我來說這是敬業的表現，也是對劇本的尊重，如果服裝搭配有問題，我也會立刻提出來跟編劇討論並進行修改，為了追求完美，我願意赴湯蹈火，在所不辭。

對演戲這份工作，我除了敬業，更精準的說法應該是對這份工

作有一份敬畏的心，一旦有了敬畏心，才能看見自己的渺小，也才能持續有進步的空間。即便角色已經被觀眾看見，還是要不斷提醒自己保持謙卑、不斷的找出自己的不足，試著加以改變、調整，化缺陷為優勢。

為了讓自己的演技更臻完美，每天不論是拍得有多累，我都堅持要看完自己演的戲，在那檔戲裡面，我的眼神對不對，台詞念得好不好，情緒張力夠不夠，感情投入有沒有到位，這都是我最在意的細節，如果沒時間可以看電視，我也會趁著通勤或者是化妝的期間用手機檢討我的演技，很多不明就裡的人會以為我是自戀，但我其實是不斷地在進行自我批評，讓演技爐火純青。

以前的我一句台語都不會說，現在的我就連平時聊天都會迸出台語，我從那個連台語都說得結結巴巴的小女生，成為了能在鄉土劇被看見的女演員。

I.REAL 曾莞婷＿＿＿＿我們後台見

沒有自我批評，就永遠無法進步。

所有身邊的朋友都知道，一旦我開始演戲，就會「人間蒸發」，為了完全投入到角色裡面，我付出了所有時間和精力，而我的經紀人也肯定覺得我很難搞，因為演戲上我有自己的原則，對於工作我有很多自己的堅持，我不願意妥協於三流的演技，遇到劇本不合理的地方也會進行抗爭，因為我希望這部戲可以變得更好。

很多時候旁人可能會覺得這是在自尋煩惱，畢竟鄉土劇的台本是在極短的時間內趕製出來的，所以往往會有很多不合理或者前後矛盾的地方，但我會基於對角色的認識和劇情推展的可能，去向編劇提出我的看法，而他們也常常會進行修改。

保持認真的態度才能把事情做到最好，畢竟人不能只是活著而已，要「好好活著」，演戲也是同樣的道理。

雖然愛情交不出完美的成績單，但是事業開紅盤。

郭佳佳這個角色讓我一炮而紅，她不僅是個惡女，也是個值得
同情的反派，我因為這個角色曾經走在路上被丟菜，也曾經被
計程車司機丟包，也在 KTV 被人惡言相向，回想起這一切其實
也很有趣，因為我真的為一個角色注入了靈魂和生命，而隨著
劇情發展越來越成熟，大家也越來越了解郭佳佳這個角色，也
會對她寄予同情，所以我也曾在吃飯時被戲迷請客呢！

雖然原本想站在舞台上唱歌跳舞，圓我小時候的明星夢，但透
過演戲，我也完成了這個夢想，戲劇是真實反映人生的某些感
受，我們和觀眾一同面對的是一種情感抒發的舞台，對我來說
這真的相當有趣，如果說導演的責任是把劇本搬上舞台，那我
的使命就是將那樣的劇本賦予生命，讓一切抽象的東西變得具
體，然後在壞人的身上找出好的地方，在好人的身上找出壞的
地方，這樣才能成為這個角色真正的主人，我想這也是郭佳佳
成功的原因。

I.REAL 曾莞婷＿＿＿＿我們後台見

因為演得真，所以觀眾才入戲深。

演出這麼多惡女，難道不怕被定型？這是我很常被問到的問題，但說句實話，我從不擔心「被定型」這件事情，別人怎麼定義是別人的事情，你該走的是自己的路，如果擔心一直走這條路就會被定型，那大可去走別的路，的確，我接下來接到的也都是壞女人類型的角色，像是《甘味人生》周曉菁，和韓瑜、陳珮騏同台飆戲是很過癮的，收視率也超越《世間情》但我也會開始思考：除了演惡女，我有沒有別的事情可以做？

就在我的八點檔惡女生涯平步青雲之際，媽媽倒下了。那天我在軋戲，晚上十一點多，哥哥打電話來告訴我，媽媽昏倒了，因為平時媽媽就有糖尿病的問題，那天就是因為血糖過低而昏倒，但當時我真的很難抽開身。由於下場戲的劇本還沒來，於是我央求導演能不能讓我回去先找媽媽？雖然他知道我愛家心切，但他們無法放人，因為那一幕戲非常重，是一場我要被揭發假扮殘障的事實，還要被主要角色賞巴掌，往常哭戲可能都

需要培養一下，但在那天，我的眼淚就像是壞掉的水龍頭一樣不斷地滴落。

那時候與我對戲的是「仔哥」謝承均，他意識到我的臉色不對，所以問了我發生什麼事情？我據實以告，但也提及家人已經趕到醫院，他知道我家裡的狀況，也知道我一顆心就懸在那裡，但他也沒有辦法，只能趕緊跟我配合對戲，等到整場大戲拍完，天都已經濛濛亮了，但還沒結束，我被趕上車出去拍外景，所有演員也盡量配合我演完，過了好久才趕到醫院，而那已經是我媽媽昏倒三天後的事情了。

鄉土劇一天要播一小時半，我們一次拍戲輪迴就是七至八天，每天都過這樣反覆且忙碌的生活，而且隨著鄉土劇資金越來越少，很多時候也不能等我們斟酌演技或者是讓拍戲畫面更完美，終日按表操課也使得我變得像是行屍走肉般，每天就是在車上補眠，醒來就是下一場戲，機器架好就得開演，演完就補妝繼續睡，在那段時間內，我的靈魂彷彿被完全掏空，就是架演戲

的機器，身體也越來越差，狀態也越來越不好，整個人充滿了負面能量，跟別人説話講著講著就想吵架，看著鏡子裡面的自己也會想哭，也沒有時間去陪伴心愛的家人，我便漸漸地意識到這樣一味地賺錢是沒有意義的，想到我爸爸，我更意識到有錢是會沒命花的。

I.REAL 曾莞婷_____我們後台見

不過當時的我已經不是當年那個可以說走就走的小演員了，一旦離開，會對劇情造成很大的影響，所以只好拜託編劇修改劇本，給了我半個月的假，讓我帶我媽去遊山玩水，我們去了菲律賓、泰國、日本、歐洲，她想去的地方我都帶她去了，想買什麼就買什麼，甚至在四天之內就花了 30 萬，還刷爆四張卡，但我覺得這一切都很值得，因為家人最重要，錢只要再賺就有了。

但逍遙的日子沒多久，三立又把我召回說需要我演另一個角色，戲分沒那麼重，成功把我「騙回去」，但演沒多久，那樣恐怖的地獄輪迴又開始了，我知道這不是長久之計，我也向劇組坦承說我真的需要喘一下了，於是選擇了暫別鄉土劇一段時間。

我算是個不會安於現狀的人，待在一個環境就會希望付出的成本可以換取一定的代價，如果不能回收成本，就會想轉換跑道。一直以來，總會希望能夠去開創道路、做個有選擇的人，很多人認為我離開鄉土劇很可惜，也有很多人希望我可以繼續回去

演，但一直待在同樣的環境中，很難創造出新的機會，而且在那樣沒日沒夜的狀況下，基本上沒有時間去考慮其他可能性，所以我覺得是時候給自己一點時間，證明自己的能耐了。

「不是要很厲害才能開始，而是要開始才能很厲害」，因為當時現實的處境及這句話帶給我的影響，讓我選擇了突破自己，決定開始做生意──不過這也不是個貿然的決定，透過演戲，我累積了一定的經濟基礎，也達成了我的人生階段性目標，腳步踏穩了，才有條件去做選擇。

很多人也許覺得事業的成功只是偶然搭上了某些熱潮，或者是單純的運氣好，一路上閒言閒語我也沒少聽過，但是要知道每朵花都是要透過肥沃的土壤、陽光、水來慢慢培養的，肥沃的土壤就是實力，陽光就是大環境，水則是拿捏在自己手上的成本，要如何灌溉便是操之在我，所有的成功都是有代價的，這並非一蹴可幾。

既然有了做生意這個夢想，我便迅速地開始思考要創什麼業？毫不猶豫便展開行動。因為自己本身是敏感膚質，這並不是天生的，而是當時我沒日沒夜趕拍八點檔造成。一天 150 分鐘的戲需要連續拍攝，一個景結束緊接著就是下一個，沒有躺床的時間，只能在化妝時間或者是通勤的時候進行補眠，造成我的免疫力越來越差，膚況也越來越慘，在這樣的狀況下，妝髮只能用更厚重的粉底讓我盡量無瑕的呈現在鏡頭前，但這也讓我的皮膚雪上加霜，加上市面上真正適合低敏性肌膚的保養品很少。

這時一個念頭閃過我的腦海，為什麼我不乾脆自己來研發一款適合自己膚質的保養品呢？如果像我這種超級容易過敏的膚質都能使用，那大家一定更適用！所以我就開始思考找人合作開發商品的可能性，投入打造自創保養品牌「萃莞媄」。

是的，我從零開始，但我毫不畏懼。

如同後來我拿到了《金家好媳婦》的金倩倩這個角色，這個角色其實個性與我相仿，她擁有自己的事業而且自立自強，面對想要追求的感情就勇敢追求，如果對象並不如自己期待的，那她也很敢於去切斷一切，因為在人生中最重要的就是自己，只有自己是值得依賴的。

創業這件事，因為從零開始，所以反而沒有什麼好怕的，想要成功不能總想著障礙，必須想著目標，我從不跟其他人去做比較，只求超越自己。事業如果成功當然很好，不成功也就是回到原點而已，真正的失敗就是在成功之前放棄，因此我砸了 500 萬下去，而公司的第一個實驗品自然是我，好幾次試用產品，都搞到自己臉紅破皮皮膚癢，狀況似乎越來越糟，也因此推掉好幾個代言工作，損失逼近千萬台幣，這樣的任性也讓我經紀人非常頭痛，面對這樣的挫折，許多親朋好友也一直叫我放棄，但我都已經開始了，怎麼能輕易放棄呢？

成功的秘訣就是要堅持到最後一分鐘，且唯有把所有小事做到最完美，才能呈現最理想的樣子，就如同我對待劇本的態度一樣。隨著每次的成分調整及改動，後來「萃莞媄」越來越成功，我們品牌主打著「自己的樣子，由自己決定，沒有最好，適合自己的最好」還有專門照顧敏弱肌膚的保養品，讓我們成功打進市場，後來又有服飾業的朋友來問我有沒有興趣打造個人服飾品牌？我想也沒想，當然好！身為一個愛美的女性，我喜歡打扮、穿搭，也會遇到某些很想要卻找不到該款式衣服可買的狀況，更時常被粉絲問身上的衣服是哪裡買的？ 2018 年， 我的個人服飾品牌「I. REAL」就此問世了。

I.REAL 曾莞婷_____我們後台見

美的定義，由妳決定，

明天起，讓我們一起真實做自己。

和開發保養品一樣，我再度從零開始，我認為個人服飾品牌是
條可以長久經營的道路，所以開始一步一步學習，從怎麼選布
料、如何打版、工廠怎麼找、設計會議怎麼開、行銷怎麼做開始，
從基層到管理，我一一參與，對我來說這是真實的自己，也是「I
REAL」的核心概念，我會希望大家見識到真實的曾莞婷，而不
是螢光幕上的郭佳佳或周曉菁。

不過做演員跟做老闆心境完全不同，以前在演戲的時候，都有
妝髮、導演、燈光師可以幫我打理好一切，通常只要把自己準
備好上陣演戲就可以了。但自己成立事業當老闆可就不一樣了，
必須自己把所有東西都準備好，才能呈現給別人看，銷售金額
就是成績，這是一翻兩瞪眼的問題，和觀眾的喜好截然不同，
而且八點檔是幕前、幕後許多人共同努力的成果，萬一收視不
如預期，也許還能被觀眾接受是劇本或編劇安排或其他方面出

問題，但自己做品牌的心境則完全不同，大家看到的就是曾莞婷本人的成績，所以我必須變得更加獨立、勇敢。

面對任何工作都一樣，能踏實做好每個細節，就是成功的關鍵。就算失敗了也才能懂得該從哪方面開始調整。做生意更是如此，即便有團隊互相扶持，身為老闆一樣必須親力親為才能掌握更多細節，讓每一份努力都有代價。

每天我都會翻閱時尚雜誌還有看時裝走秀，了解目前的世界潮流趨勢，走在路上也會觀察行人的穿著打扮，去了解現在的女性喜歡什麼，更會去研究布料，試試看什麼材質的布料穿起來才是最舒適的，我們公司內部有個群組，24 小時不斷電，只要看到什麼好點子都會丟上來一起討論，更會觀察每個顧客的反饋，雖然對於服飾設計我有自己的想法，但我也尊重專業，我的團隊也總是能夠提出很棒的看法，並創作出美好的作品。

另外，我是個公私分明的人，跟員工交情都很不錯，私底下也

都是好朋友，但是在公事上我不允許連續犯錯，因為很多時候，這些錯誤都與用心程度相關，如果有不懂的地方可以提出來，大家一起解決，但因為粗心犯錯的話，就會讓我大發雷霆，雖然不會真的罵人，但是我會相當嚴厲地跟員工表達這件事情有多麼地不應該，這往往也讓他們不寒而慄，但他們也都知道我是對事不對人，也讓整個事業更上軌道。

不注意小事情的人，永遠不會成就大事業。每天我都將自己埋在工作堆中，常常忙到同事聽到我肚子叫的聲音，我才想起來今天都還沒吃東西，經紀人也總是擔心著我的胃會出狀況，但我很享受這樣的生活！因為每天做的每件事情都讓我離自己的目標又更近了一些。

I.REAL　曾莞婷_____我們後台見

我堅信人生的錦繡必須靠自己去編織。

很多時候會聽到大家抱怨找不到自己喜歡的工作，其實應該要先愛上自己的工作，才有機會去進行更多追求，就像一剛開始我並不是想走演戲這條路，但最後我真心愛上了這份工作，努力發揮，才有機會開創生命的更多可能性。其實沒有什麼是必然的失敗，成功與否端看自己的態度。

在人生的旅途上，我總是抱持著不服輸的心態，這個心態並不是與他人比較，而是跟自己進行賽跑。如果不想輸給過去的自己，就必須一直補強自己的不足，不斷超越過去，一旦你爬到了一個巔峰，就要朝下一個更高的目標邁進，時時刻刻都要成就更好的自我。我們不需要成為某某某，也不需要拿任何看似「比較完美」的人生來當作自己的人生座標。活成了別人的樣子是無法幸福的，每個人的處境都不同，與其仰望別人的美好，不如借鑑別人努力的過程。

這也是為什麼我會創造出一個勇於追求真實自己的品牌－I. REAL 的背後原因。我希望穿上我設計的衣服的女生可以展現最真實的自己，而這個自己並不是自己所理解的那麼狹隘，比如說不一定要穿上很飄逸的長裙才能展現淑女氣質，有時候一件帥氣的寬版褲也能展現出俐落瀟灑的女人味，穿搭的有趣在於能透過搭配的巧思，展現出女人的不同樣貌。

因為我是一個女演員，詮釋過各種角色也觀察過形形色色的人，所以我了解女人不同的美，也因為我對時尚的敏銳度，所以我能和團隊打造出簡約、浪漫、華麗、活潑詮釋每個不同時刻的打扮，希望能透過我們的商品穿出自己的時髦態度，就跟人生一樣，每刻都變化萬千，千萬不要給自己設限，人生擁 有無限的可能和驚喜，期待自己去發現。

Part 3

I REAL __

越來越喜歡，
越來越懂得

關於愛情，這些年雖然交了白卷，倒也挺享受這段時間的空白，即便身邊少了伴，但多了更多時間能好好愛自己、愛身邊的家人、朋友，這樣的日子也非常甜蜜充實。

隨著年紀逐漸增長，以及這些年來的所見所聞，對於愛情早已過了那種不切實際的夢幻想像。曾聽過這樣的說法：爸爸對女兒一生的影響極其巨大，爸爸會在不自覺中影響女兒的擇偶標準。我想，也許父親個性實在太完美，在選擇愛情的過程，爸爸早已樹立了我心目中的男性標準。

這些年時常有粉絲朋友告訴我她們的戀愛煩惱，讓同樣身為女性的我，時常感到心疼。愛情是一種尋求被需要的感覺，女人可以偶爾裝點傻，但絕對不可以笨，有時裝點傻，讓對方覺得被需要，讓對方想呵護、照顧妳，這倒無妨，畢竟表現得太過強勢，讓對方覺得不被需要，這份愛情也難以持續。

有些人以為只要擁有美麗的外表，在愛情裡應該能擁有較多勝

算？其實不然。懂得體諒、理解和創造需求永遠比美麗的外貌更令人動心，這是我從許多情侶關係中所學到的一課。但所謂的體貼，並非要女人真的傻傻得讓男人覺得妳自己什麼都不會、可以為愛情付出、享受其中的甜蜜，通常犯了這樣的傻，愛情關係就會不對等。請牢記「真正的愛，是不會有主人、也不會有奴僕的」。

真正的愛只會有平等和尊嚴，因為愛情就是一個人的自我價值在對方身上的反映，女人在一段關係裡面地位要對等，永遠不要為了愛情放棄了自己的一切，犧牲並不會快樂，真正的快樂要能長長久久，對不在乎你的人多一點都是浪費，沒有任何一個人生伴侶值得你用生命去討好，如果自己都不愛自己的話，又要別人怎麼愛你呢？

愛情並不是個避難所，如果只是想逃避，
久了是會被趕出來的。

我記得在我父親過世後的那段期間，我曾經為了一個男人放棄
了我熱愛的工作，飛到大陸去找他，在那段時間因為經歷了喪
父之痛，演戲的生涯也遇到瓶頸，所以我把對方當成是救援的
浮木，希望可以與他長相廝守，希望能藉由他讓我自己從失去
父親的原生家庭中抽離，盡快投入另外一個自組的家庭，以為
這樣就能獲得圓滿、彌補我心中缺少的那一份愛。我不斷自我
逃避，天真的以為一切的構想都會實現。

但事實是殘忍的，在某次出門後，我意外發現他有兩支手機，
一支是平時談公事用的，另外一支藏在抽屜裡，是連絡小三專
用的，打開來裡面滿滿的是曖昧簡訊，而且他的算盤打得非常
精，他說那個對象是家裡介紹的，是因為家族事業需要，所以
才必須跟對方打好關係⋯⋯，在那個當下我明白了，我自己被
他「選擇了」，而這時的我也才清醒過來，當我放棄自己，選

擇去攀附其他東西是不會有未來的，除了自己以外，想要投靠
任何人都不能保證完全靠得住，最後還是靠自己最安全。

I.REAL　曾莞婷_____我們後台見

我從地獄出來了，就要讓所有人嚐到地獄的滋味。

雖然那一次的愛情讓我重重的摔了一跤，但就如同我前面所說
的，人生的路並不會白走，每一步都算數，無論是成功或失敗、
失意或得意，都有值得我們學習的地方，當你用心體會，從中
所得到的歷練，都將成為我們生命的養分，讓我們能成為更好
的人。

直到後來，我接到郭佳佳這個角色的時候，因為經歷過愛情的
背叛，所以我很能體會郭佳佳這個角色心理層面的感受，她好
不容易擁有了那樣的愛，卻又殘酷地失去，因為真的深深愛過，
所以那樣的恨更刻骨銘心，當時為了揣摩角色，我每天反覆的
去想，去理解她，郭佳佳投注了十年的愛在杜瑞鋒身上，卻被
杜瑞豐輕易放棄，感情路不順遂、命運乖舛的郭佳佳會認為自
己難道就沒有資格愛人？沒有資格被愛嗎？

她的心境與我不謀而合，所以我把我的心情全部都投入到「郭

佳佳」裡，我明白她的想法、她的思路、她為什麼這麼做、她為什麼想報復，我把心中的恨都投注於其中，這樣的情感也讓這個角色益發立體也更加成長茁壯。

人生的每個經驗都能運用在其他事情上，記得有人這樣說過：每次跌倒的時候都要先看看的上有沒有什麼寶物可以撿？對我來說這次失戀經驗就是我工作上很好的養分，沒有人的人生可以一路平坦順遂的，但要記得自己是在哪裡跌倒的，才能在重新站起來的時候不再被同樣的坑洞絆倒。

我的擇偶標準除了深受父親完美形象影響之外，同時家裡還有另一個男人也時常對我耳提面命，他總說：「妳看，哥哥這麼花心，女朋友一個換過一個……」後來長大才知道他是害怕自己的寶貝妹妹受到傷害，而隨著我談過的感情越來越多，我曾經遇過劈腿，還有意外發現自己是小三，一次比一次還要悽慘，這樣的經驗累積下來，也讓我有了賺錢比談戀愛還要更重要的想法。

要為了愛你的人笑著，不要為了不愛你的人哭。

說了這麼多，彷彿我是個戀愛達人，但其實我自己的戀情卻交不出什麼亮眼的成績單，而且愛情這種事情本來就是霧裡看花，旁人看得再清楚也沒有用。我曾經看過幸福的案例：她和前男友相戀了六年，前男友都沒有娶她的意思，於是她選擇結束六年的感情，當她遇到現在的老公時只見第一面，她就說她想結婚了，第二天各自回家告訴父母，一週後兩人訂婚，兩週後就結婚了。

現在他們已經在一起七年，很幸福也很甜蜜，每天照顧孩子忙得不可開交，但她很開心，她說：「一個人愛不愛你，不是看你們在一起的時間長短，而是他願意給你一個承諾。」她的故事其實很簡單，就是你無法叫醒一個裝睡的人，也無法感動一個不愛你的人，世上不愛的理由有很多，我很忙、我很累、這是為你好，而愛的表現只有一個：就想和你在一起，給你一個幸福的家。一個人一輩子最重要的事其實就是選對身邊的人。

又比如說最近我有個很好的朋友，跟男朋友愛情長跑多年的她失戀了，我們一邊喝著酒一邊促膝長談，她哭訴著對方的背叛，卻也捨不得搬離兩個人的共同住所，不知怎麼地就是離不開那裡，她甚至找了許多藉口跟理由來說服我。

「我們一起養了條狗，我要照顧牠。」她說。

但明眼人一看就會知道這只是搪塞之辭，真正下定決心想離開，不論是什麼都不會構成阻礙的，但深陷於戀愛就會有這樣的盲點，就算我想勸我也勸不了，這種情況也只能等自己想通了才有辦法解決。真正的愛情是可以透過對方看到全世界，而不是得為了他放棄全世界，但這終究都是自己的事情，愛與不愛其實跟其他人都無關，最重要的是自己內心的想法，不需要向別人解釋，愛情這種事情沒有對或錯，只有自己明白值得或是不值得？而我也還在等待那個 Mr.Right.

雖然我單身很久，但也沒那麼急著想結婚，很多人會懷疑我是不是在期待著白馬王子的降臨？其實我並不稀罕王子和公主永遠幸福快樂的情節，我覺得到我們這種年紀的女孩其實就只是需要一個陪她看病的男人，在感冒的時候遞杯熱水、提醒吃藥，就是這麼簡單，我不需要鮮花（我甚至覺得那個很浪費），我想要的只是個平凡到不行的人生伴侶，但沒有人相信，不過對我來說真正的愛情是吸引，而不是控制、更不是占有，我期待的是個被呵護跟關懷的關係。

愛一個人永遠不是展現在那些山盟海誓或者甜言蜜語，看連續劇的人一定知道所謂的「輕諾寡信」，真正的愛情就是建立在生活的一些瑣事上面，也是透過這些小東西，才更能檢驗到愛情的存在，平淡的陪伴往往比轟轟烈烈的誓言來得難能可貴。

我也曾經很嚮往婚姻，希望趕快嫁一嫁，累了回家就有人可以擁抱取暖，但實際上我的個性既務實也很倔強，捧不起別人的金飯碗，當不起名門閨秀，另外也因為我曾用青春還過債，所

以未來也不可能用愛情去養男人，太多經歷累積下來讓我覺得靠山山倒，靠人人跑，還是靠自己最好。而且女生們只要經濟獨立，懂得充實自己、讓自己具備一身好本領，其實不必擔心會嚇跑愛情，就算愛情一再與我們擦身而過，我們一個人生活也能活出屬於自己的精采。

爸爸──我的百分百理想型。

論起我的 Mr.Right，那肯定是我爸爸。對我來說另一半的經濟條件、外貌這些都不是我最主要的考量。擁有一顆善良真誠的心並且真心對待愛你的人，比什麼都難能可貴。

**真正的愛情，必須充滿幸福，
而這樣的幸福只有自己知道。**

愛情不應該是一種虛榮的展現。不能以金錢、甜言蜜語或不實際的花招來證明自己或炫耀給別人看，它不是漂亮的衣服，需要穿著給人欣賞，也不是什麼人生任務，為了要跟親朋好友交代而草草完成，真正的愛情是要能帶給自己幸福的，

就如同我在這本書的一開始所描述，爸爸對媽媽是百般寵愛，媽媽想要什麼就有什麼，在他們那個年代，他甚至願意花錢讓太太帶著小孩去旅行，而且我媽從來不需工作，每天的重要娛樂就是到處找人打麻將，後來在我們家經濟困難的狀況下，媽媽不但時常跟爸爸吵架，吵著吵著還曾鬧失蹤，當年許多長輩可能會覺得媽媽怎麼可以這樣丟下丈夫跟小孩，自己孤身離開？但我爸爸非但沒有生氣，還到處尋找愛妻，好聲好氣地把她勸說回來。

就算他們結褵多年，爸爸還是不忘最初的浪漫，常常會對媽媽說有多愛她、多喜歡她、多感謝她……，小時候我們家老是吃外食，因為爸爸總會對我們說：「我把老婆娶回來不是要幫你們做菜的！」平時也常常與媽媽十指交扣一起出去看電影，不論過了幾年，他們依然一如當初那對小情侶，依偎著彼此，不論遇到什麼樣的大風大浪，都能夠一起挺過來。

理想的交往模式就該像這樣，關係對等，彼此的相處必須處在一個很舒服的狀態才行。很多女生小時候總是會嚷著想嫁給爸爸，我也不例外，而且直到現在，我還是認真的想要找個像爸爸這樣的男人嫁了。

或許多少受到完美老爸的影響，我很希望能透過交往關係得到成長，希望對方能讓我產生崇拜感，而這些特質在同年紀的異性或年下男之中實在少見，所以過往的男朋友年紀都比我大上許多，至於外貌那些，我真的不是很在意，甚至希望對方長得平凡一點更好，畢竟不希望找個太帥的男友，最後風采都被對

方搶光了。所以，過去的前男朋友們的外表，常常被身邊朋友形容為：各個長得很獨特。

不過，即使我盡量找一些年紀大我許多的男性交往，我的愛情經歷也不是太過美好，曾經遇過所謂的「恐怖情人」，對方一不順心就發脾氣，平時開車的時候常常一遇到狀況就捶方向盤，兩人吵架或為某事不開心，他甚至曾做出燒毀娃娃的舉動。但當時我的年紀還小，看著他常常為了我的一個小舉動不開心，我甚至會覺得對方好愛我喔……完全搞不清楚這些性格其實都是恐怖的徵兆。如今長大了、清醒了，才知道遇到這種狀況要跑得越快越好。

I.REAL　曾莞婷＿＿＿＿我們後台見

比起戀愛，更重要的是要好好的愛自己。

單身這麼久的時間，現在的我變得更獨立，也懂得享受跟自己相處的時光，有時候會因此頓悟一些人生道理，重新看見自己。不過，也或許是因為太適應一個人的生活，無形中造成「氣場」太強大，所以異性緣就更弱了，加上遺傳到父親的工作狂基因，相當享受藉由工作淹沒自己的時間，每天過著有空開會、沒空約會的生活，閒下來太久反而會慌張。對我來說這並不是所謂的藉由工作麻痺自己，而是透過工作來找到自己的定位，我覺得懶惰比操勞來得傷身，人太久沒動就會生鏽，所以只要還活著，就一定要不斷提升自己，且大步向前。

很多時候我們都被生活追著跑，讓人無暇思考下一步要怎麼走，就像是我在拍本土劇時，每天都不知道自己在追求什麼？日復一日只能專注於把眼前的戲劇任務完成，很難兼顧其他。類似這樣的狀況，相信很多為生活忙碌的人一定不陌生，一旦我們因此放棄積極思考如何突破，就會不斷習慣性放棄，也使得最

後只能成為工作的奴隸。

為了要讓自己的方向更明確，在每個人生階段都得訂定目標，例如存錢買間小套房、買大房子、供養家人、在演藝事業取得成就、個人事業成功……，每天我都在為完成自己的人生目標而努力，想要不斷超越我自己，不論多苦我都可以嚥下去！立志是成就事業的門，而努力工作就是進入這扇門的方法，唯有堅強的內心可以成就全新的事業，不論走得多慢都無所謂，最重要的是絕對不能停下腳步。

其實很多粉絲在我創業初期都勸我：好不容易演到這麼紅了，也好不容易卡到了本土劇八點檔女主角的位置了，這樣宣布離開難道不會覺得很可惜嗎？我的答案是：不會。因為暫時的離開並不代表永遠的退出。我清楚自己短暫的離開是為了充實自我，讓自己有更多可能性，並非因倦怠演戲而放棄。我一樣熱愛戲劇演出，只是現階段希望能將自己的能量發揮到最大。

在創業的當時我是相當小心翼翼的，因為過去曾嘗過低潮的滋味，自然不希望好不容易得來的一切，輕易的被自己浪費掉。所以在開始創業之前，我考慮得非常仔細，而當我把計畫、方針和藍圖都仔細確認清楚後，心就更堅定地往目標前進了。我的自創品牌「萃莞媄」草創之初，是用我自己的皮膚進行實驗，實驗的過程也曾發生過對部分產品成分不適，塗完後整個臉腫到甚至無法接代言工作的情況，經過一次又一次的修正，才讓成分調整成適合每個人的膚質。我從檢討成分到外包裝的設計，沒有一項假手他人，有些人以為藝人創業背後可能有很多資源，所以能夠輕鬆創業，但我認為就因為我是藝人，過去沒有自創品牌的經驗，因此得花更多時間補強自己不夠熟悉的一切。身為老闆，搞懂每個環節，做到凡事親力親為，是創業該盡的基本責任。

一旦決定要做的事情，我可以接受失敗，但不能接受自己輕言放棄，所以當時不管拍戲有多忙，每週我都會排除萬難參與閱覽公司的匯報，最後我們決定推出五百組限量禮盒，沒有想到

一天就賣光了，最後我們不斷增加產量，一個月賣出了五千盒，遠遠超過我的預估，由於我每一季都會了解保養品市場的趨勢以及討論品牌的活動，更透過網路了解消費者的意見反映，最後營收也開出紅盤。

現在我成立了個人服飾品牌「I. REAL」，這個品牌的精神是希望每個人「越來越喜歡自己、也越來越懂得自己」。每個人這一生的運氣是不能控制的，但我們的心情卻可以自己控制，愛自己的第一步就是要喜歡自己，讓自己不斷成長，但成長並不是改變自己，而是完善自己。我們所做的努力都別想著要成為第一，而是要成為唯一。

為了這個新事業，我每天除了不斷翻著時尚雜誌，手機也常常沒放下來過，每天都在找尋新的靈感，希望可以創造出更多具有獨特巧思的衣服，打造出「曾莞婷」的專屬時尚，我很喜歡像是長襯衫或撞色洋裝這樣具有魅力的單品，並從男友視角去設計服飾，這樣帶有一些不經意的性感，或者有些率性的可愛

都是現在市場所缺乏的，但畢竟論服裝設計，我還是個門外漢，很多時候一些天馬行空的想法還是會被公司設計師「打槍」，但有時他們也會被我的想法驚艷，而往往我特別屬意的品項都會賣得特別好，而在這個時候我就會特別有成就感，因為我的努力是有價值的。

I.REAL 曾莞婷_____我們後台見

只要全力以赴，就能創造最輝煌的事業。

講了這麼多「生意經」，我認為不失敗的基本要素就是「親力親為」以及「不輕言放棄」，因為創業沒有退路，放棄就是最大的失敗，但其實做任何事情都一樣，只要自己願意花時間努力、付出，了解每一個細節，就算失敗了也能很快知道原因在哪裡，立即矯正。我的品牌走的是大眾化市場而不是只有身材好的模特兒才可以穿，所以平時也請一般身形的模特兒去進行直播，讓大家看到衣服最真實的面貌，做到童叟無欺。生意要能長久最有效的資本就是公司的信譽，而我覺得這也是事業成功的秘訣。

I.REAL　曾莞婷＿＿＿＿＿我們後台見

因為對目標有所堅持，讓我有了現在的小小成就，許多人或許常常羨慕著別人的成功，卻往往忽略了這些人在前往成功的道路上是經歷過多少辛苦，甚至面臨過多少次的挫敗才能累積到這一點點成就。

選擇平坦的道路走很容易、很輕鬆，但成功的人往往就是那些願意披荊斬棘開創新路的人。

Work harder than you think you did yesterday.

從女演員到自創品牌 CEO 這段身份轉換的過程，讓我更相信人生不要給自己太多限制，不斷設限自我只會阻礙成長，只要不去想那些條條框框，人生就有無限的可能性，這也是我當初選擇毅然決然擁抱更多機會的原因，當我擁有了機會後更因為不想輸，所以選擇了超越，不願意讓自己走回頭路，也不敢停下腳步。或許就因為這樣的個性，所以當初在不被看好的狀況下，我依然不斷的衝刺證明自己的能耐，不希望輕易輸掉！

雖然壓力很大的時候，內心也曾冒出想退休或是拋下一切的念頭，但實際上我從來沒這麼做過，只要靜下心來我還是會不斷想著下一步該怎麼走？我要走到哪裡，每一刻都想要比過去的自己還要更好。

除了事業之外，對於外在我也很努力管理，我很希望女生們從能力到外貌都要讓自己出色，永遠保持像朵鮮花，既美麗又充

滿朝氣。能管理好自己外貌與體態的人，我總覺得做任何事情也相對容易成功，畢竟自我管理需要極大的自律能力才能達成，而懂得自律的人在職場上的表現往往不會太差。

我這輩子從來沒讓自己發胖過，從小到大一直努力讓體重維持在四開頭，一旦體重接近四十八公斤左右，就會讓我很崩潰。然而，女生隨著年齡增長，新陳代謝就會不斷下降，吃一點點就很容易發胖，為了不讓自己因一時放縱造成體重爬升到難以挽回的地步，所以每天一起床我都會很認真地審視鏡子裡面的自己，只要稍有一點變化，我就會特別留意。

即便我現在不胖，媽媽也總愛對著我說：「我年輕的時候比妳還瘦！」這句話更成為我努力維持體態的動力。加上身為藝人，常常要變化很多服裝造型，有很多漂亮的衣服版型都很小，我很擔心試穿時穿不進去的狀況發生，所以對於體態維持更是不敢鬆懈，加上有時候身型稍微圓潤一點點，往往就呈現不出一些服裝的風格，這對身為自創服裝品牌 CEO 的我來說，更是無

法容許發生的事情。

為了維持漂亮的身形，所以吃東西我會特別忌口，但我的忌口可不是什麼都不吃！而是盡量選擇健康的飲食，少吃精緻澱粉及油炸類食物，冰冷的東西更是少碰，容易上火的東西更是碰不得，每天早上起床都會喝一大杯溫開水，補充富含蛋白質及膠原蛋白的食物，菜、肉盡量吃，讓澱粉只占整頓飯的百分之二十左右，另外多補充鐵質也對女生更好，水果的部分我推薦香蕉，因為熱量不高但營養豐富，又可以幫助消化。

節制是一種秩序，一種對於快樂與欲望的秩序。

美食當前，誰會不想享受呢？我每個禮拜也會容許自己去吃大餐，但是大餐吃一頓、兩頓也還可以，宵夜吃一次、兩次也不是問題，一旦吃成習慣，那可就成了大問題了。其實每個人心底應該都有一把尺，知道自己是否變胖了？或者是生活健康與否？我自己身上有很多代言，不健康的體態或飲食習慣都有可能影響觀感，所以我必須節制，而且透過鏡頭，許多身材上的缺陷都會被放大，所以我會盡量克制自己對不健康食物的欲望，展現最美好的一面給大家。

而雖然我是做菜白痴，但每個禮拜還是會自己下廚做些簡單的料理，煎新鮮的鮭魚排或是雞胸肉，只加胡椒和鹽做點調味，完全不另外加醬汁，餓的時候就吃香蕉、豆類來補充營養，讓自己的飢餓感不那麼痛苦，吃東西的時候也別忘了要細嚼慢嚥，只要放慢吃飯速度就可以增加飽足感，進而減少每一餐的熱量攝取。

除了飲食以外，運動也是不能省略的事，如果工作行程沒有那麼滿，我一定會去健身房報到，透過健身運動可以練出線條，尤其是透過重訓來加強鍛鍊大腿肌肉，這樣會讓我撐得起許多漂亮的衣服，但偶爾也會遇上沒有辦法上健身房的時候，這時在家我也沒閒著，一邊看電視我也一邊做運動，雙手緊扣、掌心朝上，然後用力往上頂，搭配踮腳在客廳走路，呼拉圈也是不錯的選擇，不管我的行程有多忙，每天還是規定自己要維持兩個小時的運動時間，保持自己的身體在活動的狀態，另外睡前還要再抬腳半個小時……，美麗是鍛鍊出來的，只要你對自己美好身材的渴望大於一切，就能成功保持體態。

做一個連自己都喜歡的人，好過只能去喜歡別人。

身為藝人，我很幸運能得許多人的關愛，這份感恩的心除了用更好的自己來回報給喜愛我的人之外，更積極的做法就是回饋社會，努力讓自己美麗、保持完美狀態的同時也不能忘記要將芬芳分享給別人。現在的社會風氣中，我常常覺得喜歡批判別人的人，比做事的人還多。如果有時間批判別人，為什麼沒有時間好好的檢視自己呢？回饋社會的方式有很多，並不僅限於金錢，有時候只要少一點批評多一點讚美，這樣一個小小的舉動，都可以溫暖整個社會，只要你願意跨出那一步去做。而不是出一張嘴去教導別人怎麼做事，也許你跨出的只是一小步，但每個人的一小步就可以成就一條康莊大道。

美好的世界要靠大家一起創造，日行一善便是成就美好世界的關鍵，有人會覺得付出就是吃虧，總愛計較每一次的付出是否能得到回報？卻忽略了你的一個小小善意，能營造更和諧且親切的生活環境，也帶動了更多可能性，成就社會更美好的一面。

如果大家都能理解這個道理，有一天這個善的循環一定會回到
你的身上。

點亮一盞燈，不僅可以照亮別人，也可以照亮自己。

在 2017 年的時候，有媒體報導我捐款的消息，因為網友在捐款清單上看到我的名字，他們還特地去算了那些金額累計起來總共有多少。其實有多少我根本不清楚，因為那是我持續做了很多年的習慣，不論是在經濟穩定之後或者是窮困潦倒之際，都沒放棄過這件事。透過分享、回饋，能讓我的心感到富足幸福，而這個觀念也是從我的原生家庭教育所建立。從小看著爸爸，不僅疼愛家人，也對員工寬容，對社會回饋更是不遺餘力，當年家裡發生資金周轉不靈，就是因為他花了一大筆錢整地，想要蓋一間養老機構，讓那些無家可歸的老人或缺乏照顧的長輩能有個「家」，這個夢想最終因為家庭經濟崩潰而粉碎，但已經在我的心底種下了一個種子，我覺得無論如何，只要行有餘力，都應該去回饋社會，把自己擁有的分享給其他需要幫助的人，才能創造出生命真正的價值。

對別人做一點善良的舉動，就像是把鮮花送給別人一樣，即便

鮮花在別人手上，但自己的指尖也同時染有淡淡的香氣，做得多了、做成習慣了，就能把愛很自然而然地傳遞給更多人，透過這樣的行為才能呼喚人與人之間的良善，進而創造出更為進步的社會，善事這項事業並沒有終點，它是個快樂的長征旅途，走在這條路上，我覺得很快樂。

記得當我開始賺錢之後，我先從資助生活有困難的孩子開始做起，透過每個月幾百或幾千塊的救助計畫，就可以幫助到一些人，而類似的機構還有很多，讀者們如果有興趣，現在資訊很發達，只需要上網仔細研究，就可以找到許多需要幫助的單位，提醒大家要盡量透過公開而且知名的機構去進行贊助，至於付出去的金錢或資源不要計較，因為那是做善事，不要想著回報。

我也支持愛護動物，在這世界上，有一群愛狗的人，他們 365 天全年無休地照顧著流浪動物，但因為是私人的愛心，在沒有任何金援的情況下，他們照顧的流浪狗狗們會過著有一餐沒一餐的生活。所以今年我也透過義賣衣服來捐贈給「ARTT 台灣動

物緊急救援小組」，所得不扣除成本，希望可以換得更多流浪狗狗能溫飽，不要再挨餓。

這幾年我從過去自己默默找尋捐助機構，到後來已經演變成許多慈善機構都會自己找上門來，讓我省去許多找尋的過程，節省了不少時間，且捐款的方式也能選擇我喜歡的低調方式進行。不過，隨著我捐款金額越來越大，許多慈善機構會希望幫我宣傳或者是把我的名字掛在機構上，一開始確實讓我有些為難，因為做這些事並不是為了沽名釣譽，有能力給予是我的福報，但前幾年遇到一位義工告訴我，若能在相關慈善單位掛上我的名字，就能透過藝人名氣帶動更多人來捐款做善事。了解這樣的原因之後，我漸漸接受這樣的作法，進而透過自己的平台或是媒體來分享這樣的好事。

理解你的人不需要你解釋，不理解你的人不配你解釋。

但是，現在的社會上有太多的酸民會藉題攻擊，我曾看過這樣的評論：說我是因為演了太多壞女人，所以才用這樣的行為來消業障。但事實並非如此，所以面對這些攻擊，一開始我也曾感到莫名，內心當然有很多話想要澄清，但多年的公眾人物身份，讓我學會了一個道理：理解你的人不需要你解釋，不理解你的人不配你解釋。這些沒來由亂酸人的酸民其實很可憐，因為心不夠善良，所以看什麼事情都不對勁，才會將自己心中的醜惡投射到別人的行為上。如果你的心美，看到的世界就會更美。

人心是互換的，你對我真我比你更真；真心是互給的，你對我好我對你更好。

出道二十年感覺很漫長，但其實真的是一眨眼的時間，感恩被網友、媒體封為女神，但被封神是很累的，彷彿每天扛著一塊招牌在肩上走，而且我的個性真的不是「女神」，說句實話，比起女神我更像「大哥」，為朋友兩肋插刀，平時有來有往，也會尊重其他人，如果懂得珍惜我，只要我得到一分，就會回敬十分，但如果一直越界，或是想透過我去得到點什麼好處，那我就會踩剎車，我講義氣，但不盲目。

至於面對粉絲，我會盡量展現出私下最真實的一面，像和朋友相處一樣，例如 PO 一些搞笑或無厘頭的影片，或者是向粉絲分享今天的心情或經歷，讓每天都活到最精采，希望能與粉絲更靠近，因為這一路看著我成長，也給予我很多鼓勵的粉絲們，是促使我不斷進步的動力。

在不紅的那段時間，在路上常聽到路人對我指指點點、議論紛紛，覺得我很面熟，卻叫不出我的名字，或只記得我在劇中的名字，但現在走在路上，可以感覺到大家都「真的」認識我了，會親切地喊著「曾莞婷」，在社群網站上也多了很多死忠粉絲，這一路慢慢累積而來的人氣，相當不容易。我格外感謝從我默默無名到現在一路陪我走過、不離不棄的朋友和鐵粉，因為有你們，讓我更想把幸福回饋給大家，每天我除了睡覺以外，手機永遠都是握在手上，除了打理工作大小事以外，一一回覆每一則粉絲的訊息，也是每天必做的大事，希望可以藉由親自回覆接觸到每個喜愛我的人，以實際行動溫暖大家的心。

我是幸福的，因為我愛，也因為我有愛。

説到這裡，我的故事也大概講完。感謝一路走來得到很多人的
關愛，身為藝人更需要這些愛讓我們能更具自信。有愛就能擁
有一切，有愛就會擁有幸福，有了幸福也就會有無限的可能、
無限的希望，也讓我有勇氣去追逐自己的夢想，成就真實的自
己，做到真正的 I REAL.

文化閱讀空間 Reading Room

台北市中正區臨沂街27巷1號
週二 ～ 週日，10:00 ～ 17:00（週一公休）
02-2341-9662
https://www.chapter.com.tw/

I. REAL 曾莞婷
我們後台見

作　　　者	曾莞婷	
副　主　編	蔡月薰	
文 字 整 理	Dalia	
化　　　妝	Claire	
髮　　　型	Terrence	
攝　　　影	Adam Chang	
服　　　裝	吳旻瑄Ming	
美 術 設 計	犬良設計	

董　事　長　趙政岷

出　版　者　時報文化出版企業股份有限公司
　　　　　　10803 台北市和平西路三段240號7樓

發 行 專 線　02-2306-6842

讀者服務專線　0800-231-705、02-2304-7103

讀者服務傳真　02-2304-6858

郵　　　撥　1934-4724時報文化出版公司

信　　　箱　台北郵政79～99信箱

時 報 悅 讀 網　www.readingtimes.com.tw

電子郵件信箱　books@readingtimes.com.tw

法 律 顧 問　理律法律事務所　陳長文律師、李念祖律師

印　　　刷　詠豐印刷有限公司

初 版 一 刷　2019年10月18日

定　　　價　新台幣399元

特別感謝

I.REAL.曾莞婷 / 曾莞婷作. -- 初版. -- 臺北市：時報文
化, 2019.10
　　面；　公分
ISBN 978-957-13-7945-6(平裝)

1.曾莞婷 2.傳記

783.3886　　　　　　　　　　　　　　108014220

時報文化出版公司成立於 1975 年，並於 1999 年股票上櫃公
開發行，於 2008 年脫離中時集團非屬旺中，以「尊重智慧與
創意的文化事業」為信念。